LEBENS / / MOMENTE

AF286746

Hermann O. Lauterbach

LEBENS / / MOMENTE

Gedichte

(1957 – 2007)

Bibliografische Information der Deutschen Nationalbibliothek
Die Deutsche Nationalbibliothek verzeichnet diese Publikation in
der Deutschen Nationalbibliografie; detaillierte bibliografische Daten
sind im Internet über http://dnb.d-nb.de abrufbar.

© 2007 Hermann O. Lauterbach
Satz, Umschlagdesign, Herstellung und Verlag:
Books on Demand GmbH, Norderstedt
ISBN 978-3-8334-8343-1

Inhalt

III *Ferne Nähe*

IV *Zuhause un Drumrum*

Ein noch immer notwendiger Steckbrief
von
MIR über MICH

Der Jahrgang, dem ich angehöre, wird Flakhelfer-Jahrgang genannt. Zum 15.Februar 1943 wurden die ersten Oberschul- und Gymnasialklassen zur Flak in die Umgebung ihrer jeweiligen Schulorte eingezogen. Damals war ich 16 Jahre alt, geb.am 11.11.1926 in Lauterbach/ Hessen.

Mutter sagte mir später, Vater habe sich über mein Geburtsdatum gefreut. Nicht wegen Fasching oder dergl. Am 11.11.1918 hatte der Weltkrieg mit dem Waffenstillstand von Compiègne sein Ende gefunden.

Mein Vater (am 10.Mai 1899 in Gießen geboren) war damals als Zivilbeschäftigter im Klinikum tätig, sein älterer Bruder lag in Bosnien-Herzegowina verwundet, die über alles geliebte ältere Schwester Ottilie verstarb 1916, während sein Vater, Gastwirt in Gießen, am 23.07.1918 der Spanischen Grippe erlag. Mutter Anna blieb mit ihm und dem jüngeren Bruder zurück. Er selbst gehörte dem Soldatenrat im Klinikum an.

Im Unterschied zu meinen in relativ beständiger Umgebung aufgewachsenen Eltern, könnte ich mich als ein immer wieder »Dazukommender«, als »Dazugekommener« bezeichnen, denn Vater hatte es zum Zollbeamten im «Gehobenen Dienst« gebracht, damit zum »Reichsbeamten«, und konnte jederzeit innerhalb des Reichsgebiets versetzt werden. So zog die Familie von Lauterbach nach Gera, von Gera nach Greiz, von Greiz nach Gotha, von Gotha in die damals bayrische Pfalz nach Ludwigshafen, von Ludwigshafen 1943 ins Lothringische (um Diedenhofen/Thionville)

und später, nach dem 2.Weltkrieg und zeitweiliger Rück-
kehr ins elterliche Haus seiner Frau, nach Mainz und Idar-
Oberstein, wo Vater kurz vor der Pensionierung an Parkin-
son erkrankte, und im Juli 1965 in Mainz verstarb.

Als DDR-Bürger, der ich damals in der BRD wg. Hochver-
rat, Staatsgefährdung etc. gesucht wurde, konnte ich an
seiner Beerdigung nicht teilnehmen. Leider wurde auch
meiner Frau die Teilnahme verwehrt.

Bis nach Thionville (mit Schulbesuch in Metz) folgte ich
den Lebensstationen seiner Eltern. Erst die Einberufung
zum Arbeitsdienst, wo es im Februar 1944 die Startbahnen
der Nachtjäger in Neubiberg schneefrei zu schippen galt,
und die folgende Phase als Rekrut und (ROB) in Koblenz
bescherte mir eine Art »Eigenständigkeit unter Befehl«,
bevor mich der Krieg über Königsbrück in die Ardennen,
von dort ins Lazarett und schließlich nach Neustrelitz
verschlug. Zuguterletzt gelang es mir tatsächlich, als »De-
serteur der letzten Sekunde« nach Lauterbach zurück zu
finden. Von dort ging es über Hersfeld in die US-Enemy-
Camps von Heidesheim und Bingen, und im Juni 1945,
inzwischen 18½ Jahre alt, in den Zivilstand.

Mein 1970 im Verlag »Neues Leben« erschienener Roman
»Ein gewisser Herr D.« gibt über mein damaliges Erleben,
wenn auch auf romanhafte Weise, Auskunft.

Alle Fragen an und um mich bezogen sich sowohl auf die
Zeit von 1926 bis 1954, wie auch auf jene von 1955 bis
heute. Anfänglich wohnte ich in Berlin Mitte, nach erneu-
ter Heirat in Karlshorst, 1958 zogen wir nach Potsdam, wo
meine Frau und ich noch heute leben. Dennoch: die Entde-
ckung der DDR war zugleich meine Rückkehr in die Kind-
heit und Jugend im Thüringischen, und durch meine be-
rufliche Tätigkeit an der Filmhochschule ein fortdauernder

Prozess. Die dort Immatrikulierten kamen von überall her. Man wusste, wie in der Lausitz das R gerollt wird, wo es »Wirrwar« gab; was bei der NVA auf Rügen los war, die in Prora ihre Filmvorführer und Kamerakräfte ausbildete; mit den Amateurfilmern in allen Ecken und Enden des Landes hatten wir zu tun; von den Begegnungen »innerdeutsch« und »international« gar nicht zu reden.

Noch erinnere ich mich an den Schreck, der mir widerfuhr, als ich 1944 in Königsbrück erstmals junge Sächsinnen miteinander quatschen hörte. Später, während meines Studiums am Leipziger Literaturinstitut, fand ich den sächsischen Tonfall nachgerade liebenswert.

»LEBENS//MOMENTE«

nenne ich nicht zuletzt auch deshalb die Sammlung meiner Gedichte aus den Jahren 1957 – 2007, die ich dem geschätzten Leser vorlege.

Potsdam, den 17.04.2007
Hermann O. Lauterbach
(Hermann Otto)

I

Aus märkischer Landschaft

IN MEINEM GRÜNEN ZIMMER

In meinem grünen Zimmer
Geht die Uhr im Osten auf.
Wohin der wilde Tag auch rennt,
Die große, gelbe Lampe brennt,
Bescheint so still der Dinge Lauf.

In meinem grünen Zimmer
Hängen Bilder sanft im Wind.
Ein Plattenspiel pfeift Lust und Qualen,
Bücher fallen aus Regalen
Erst wenn sie reifgeworden sind.

In meinem grünen Zimmer
Kannst du mich im Sommer sehen.
Du kannst mich rufen, kannst mich finden,
Kannst Fäden spinnen, die uns binden,
Und kannst auch durch die Wände gehen.

In meinem grünen Zimmer
Löscht die Nacht die Lampe aus.
Laß andere sich im Licht verlieren.
Ich will dich im Dunkeln führen
Durch unser weites Haus.

BEGEGNUNG

DIES WAR nicht des späten Sommers,
Der dunklen Rose samtweiche Zeit,
War nicht blauschwerer Traube Stunde
In geschliffener Schale,
Nicht des Apfels gelbroter Tag,
Der uns kräftig umfing.

Der Ähren wogende Stille
Ist längst geschnitten.
Harsch schlägt sein Ufer der See,
Das gepanzert daliegt von nächtlicher Kühle.
An den Bäumen, bis in die Wurzeln
Zu spüren, zerrt dieser Wind,
In dem wir stehen, uns anzusehen,
Mit Händen zu ertasten des Anderen Mund.
In den Augen die Tränen des Rauchs schon,
Den ein Sturm hintreiben wird über die Stadt.

Am sanften Hang, in der Frühlingswiese
Hast du die leichten Blumen des Winds
Gepflückt, ihre Blütenblätter
Dem sorglos spielenden Knaben zu schenken.

Atemlos stehen wir im brennenden Herbst.
Unsere Augen sind es, die sich erinnern.

LAUTERBACH

Am Graben, der mich heut noch von dir trennt,
Sitz ich, und träume alte Träume neu.
Vom Hoherodskopf schmeckt nach rauhem Heu
Der Wind, der winters deine Scheite brennt.

Ein Stein, vom kalten Bach schon glattgeschäumt,
Die Brücke, drüber bunte Fangeleinen
Wir Buben zogen vor den hohen Beinen
Der Brautgespanne – oft hab ich's geträumt.
Die Linde steht wie damals, breiter gar.
Und wieder steilt der Säge Schrei den Hang
Zum grünen Plätzchen schneidend hoch. Gesang
Verwehte: Handwerkerfest im Hainig war.

Da saßen Metzger, Töpfer, Schuster, Schreiner
An schmalen Tischen dreist im Waldesschatten.
Sie tranken Bier aufs Wohlergehn der Chatten.
Die Töchter schwenkten ihre neuen Kleider.
Und vor der schindelgrau gefaßten Scheibe
Putzt wieder sich die junge Frau zum Tanz,
Derweil im Siechenhaus des Reichtums Glanz
Als Freibankfleisch nur fristet karge Bleibe.

Vom Kirchturm her posaunen ernste Chöre.
Sie wehen auch mich hinab ins Schattenreich.
Dem Treppchen unterm Markte blieb es gleich,
Ob ich noch mal mein Herz darauf verlöre.
Verlornes Herz, so blank wie Pflastersteine,
Die deine Bürgermeisterei umliegen.
Es will, o Lauterbach, sich an dich schmiegen.
VERLORNEN STRUMPF, den fände es alleine.

ANSPRACHE DES WINDES AN DIE ERDE

Du bist die Erde, Erde!
Und ich bin der Wind.
Dich hülle ich ein,
Bringe den Regen dir, der dich fruchtbar
macht,
und den Schnee, unter dem du zur Schönheit
erstarrst.
Manchmal den Hagel auch,
Damit du spürst,
Daß ich es bin, der dich erweckt.

Denn Du bist die Erde, Erde!
Und ich bin der Wind.

In deinen Wäldern pfeif ich mein Lied,
Von deinen Felsen stürze ich wirbelnd hernieder,
Mich durch deine Täler zu drängen im Tanz.

In deinen Wiesen ruhe ich aus zur Nacht,
deine Flüsse erfrischen den Morgen mir.
Überall, Erde bin ich bei dir.

Daß mich die Sonne erhitzt,
Aufzusteigen zu ihr,
Mußt du verstehen.
Wie sonst sollte ich dich erwärmen?
Bist du doch die Erde, Erde!
Und ich bin der Wind.

DAS KNISTERNDE FELD

Da stand kein Kreuzmast aus Eisen
mit Drähten aus Kupfer daran.
Ein Getuschel nur war im Mais,
Als ein Windhauch zu reden begann.

Da war kein Geschrei in den Villen, Keine Glocken
dröhnten schwer.
Am Wegrand zirpten die Grillen,
Vom Wald kam ein Summen daher.
Keine Kinder rannten in wilder Hast
Zum Spritzenhaus hin. Nur ein
Zittern des Lichts, Gebilde aus Luft,
Die zu den Hügeln hinziehn.
Da war kein Rauch und kein Feuer,
Keine Asche legte sich bitter
auf Zunge, Haut und Gemäuer.
Kein Erdbeben war, kein Gewitter.

Ich aber hörte das Knistern
Vor mir im Feld, zwei Hektar breit.
Da knisterten schlimme Gelüste
Wie Unheil knistert seit ältester Zeit.
Da platzten traumdunkle Schoten,
Halme knickten vom gelben Salbei.
Die Minze sprang, und der rote
Wermut fiel in den heißen Julei.
Es knisterte sanfte Kamille,
Lavendel mild und Fenchel traut. Huflattich knallte bös
in die Stille.
Mohnkapseln stürzten ins dörrende Kraut.
Doch es war kein Geschrei auf den Hügeln.

Keine Glocken schlugen schwer.
Nur ein Zittern des Lichts, ein Wiegen war,
UND DIES KNISTERNDE
FELD UM MICH HER.

DER UNFASSLICHE SATZ

Kürzlich las ich bei einem, bei wem ist mir entfallen, weil es ebensogut bei Herrn von Goethe wie beim Herrn Paquet, dem klugen Alfons Paquet aus Wiesbaden, hätte sein können, bei einem jedenfalls aus dem Landstrich zwischen Lahn und Main, dem Rheingau also, dem Weinland, aus dem die Nassauer auf uns gekommen, las also, daß es ein ganz eigener Reiz, eine überaus angenehme Empfindung sei, wenn, obwohl die alte Flamme noch nicht erloschen, andernorts bereits ein neues Lämpchen zu glühen beginne; geradeso, als ob bei untergehender Sonne auf der entgegengesetzten Himmelsseite der junge Mond aufgehe.

Was aber, so frage ich, soll ein treuherziger Potsdamer, dessen Blick für gewöhnlich nur in eine Richtung weist, in den der eigenen Rechtschaffenheit, dergestalt natürlich, daß er uns, ganz tief innen, gerade dieser, seiner Geradlinigkeit wegen doch der Liebste von allen bleibt, was soll er, frage ich mich, mit einem derart rebenförmig verschlungenen und von Schnapszungen nimmermehr nachzubildendem, unfaßlichen Satz?

DERSELBE WEG

Die Buchen streben himmelan, noch immer.
Krüppelkiefer, meerwindgezaust, fleht landeinwärts
wieder mit ihren dürrholzigen Armen. Vom Schilf her
schlüpft durch mannshohen Farn die Echse, schlängelt
zum Sumpf hin: braunweißes Mini-Zebra unter den Sau-
riern.

Derselbe Weg, dieselbe täuschende Landzunge,
auf keiner Karte zu finden. Bin wieder Kind ich,
das südwärts zu wandern glaubte, derweil es
gen Norden stiefelte, ins Ungewisse des Moors?

Zehnjährige ziehen in hastenden Gruppen vom Lager
zum Ort

Ich aber, dreißig Jahre zurück, und diesen Tag wieder
zwischen Buchenhain und mannshohem Farn, erkenne
den Irrtum nun ganz:
Die täuschende Landzunge, auf keiner Karte zu fin-
den – ein lächerlicher Kleinststreifen nur. Sumpfiger
Restbestand erinnerungsloser Natur.

BERLINER SOMMER

Unterm weißen Möwenschrei
Saust die S-Bahn weit.
Deine Automatic-Uhr
Siebt die Sonntags-Zeit.

Wo der dunklen Kiefern Kamm
Sich die Bärte streicht,
Fliegt dein Herz zur Autobahn,
Pocht motorenleicht.

Hinterm grünen Haselbusch
Fächelt mild ein See.
Doch dein kühler Kuß entfacht
Brisen, luv und lee.

Rennst du hin zum hellen Strand,
Wirbelt Sand dein Fuß,
Summt ein wilder Mückenchor
Aufgeregten Gruß.

Nur des hohen Himmels Blau
Schweiget, luftgeschwellt.
Wiegt so bleich und leinengrau
Unser Camping-Zelt.

STURM

Böse rollt die See.
Hölzernen Unrat, Vogelgebein,
Muschelkerne, ölig verwest,
Und der Quallen Gallert,

Tausend nesselnde Hände voll,
Wirft sie
Wider den schlanken Leib dieses
Strandes,
Der sich schweigend preisgibt.

Das Getöse sei überhörbar bereits ob seiner
Dauer?

Schon einer Möwe Schrei,
Des Unschuldsvogels dummes Gekreisch,
Macht es vernehmbar wieder,
Macht die Ängstlichen zittern.

Nach dem Sturm aber
Greifen die Weiblein Muscheln und Seegras
Vom Strandleib.

Zum Füttern der Hähnchen. Um Polster zu
stopfen.

HERBSTREGEN

Herbstregen hat begonnen –
Wäscht dir den Sommer ab, mein Kind.
Hörst du, wie's von den Dächern rinnt?
Den Staub hat er schon mitgenommen.
Die Hitze, die deine Wangen gerötet,
erbleicht unter seinem Guß.
Kühler wird der Morgengruß,
den dir ein alter Rabe flötet.

Herbstregen hat begonnen -
Wäscht auch die Schminke ab, mein Lieb.
Die Zeit rinnt durch ein dünnes Sieb,
hat dich und mich längst mitgenommen.
Sie macht die Äpfel runzligrund
auf Mieten in des Dunkels Flut.
Unter blass gewordnen Blättern ruht
ein Kürbis schwer auf feuchtem Grund.

Herbstregen hat begonnen -
Wäscht auch Deine Ängste fort, mein Weib.
Es hat dein ungestümer Leib
des Sommers Süße angenommen.
Wirst du die Lieb zu halten wissen
am Weiher, der sein Leid dir klagt?

Ein Dach, das dicht hält, ist gefragt.
Die Wasser steigen in den Flüssen.

DIE JUNGE LINDE

Die junge Linde steht dem Wind,
auch wenn sie anschmiegsam sich spannt.
Ihr Glänzen, das nach Außen dringt,
weil tausend Blätterschilde sind,
hat des Morgens Frische eingefangen.

Und keines reißt! Nicht eines fällt
vom Stamm, verwirbelt und verweht
als welkes Blatt nach wildem Jagen,
im Aufwind fremder Kräfte, die es tragen,
auf dieses Grab, wo Deine Zeit stillsteht.

Ich leg Dir Zweige auf den dunklen Hügel,
der Dich bedeckt mit Erdenschwere.
Dein Leben war solch stetes Bäumen,
solch Rufen nach den hellen Räumen,
die vor uns sind im Ungefähren.

Die junge Linde aber steht dem Wind.
Sie wächst heran zu Deinen Füßen.
Ihr Rauschen, das nach Innen dringt,
weil tausend Blätterschilde sind,
läßt grüßen Dich. Läßt grüßen!

IN DER THOMASKIRCHE

Grautägiges Licht, das zur Helle gerinnt
an deinen hochstrebenden Pfeilern.
Tagschmutziger Lärm, der sich in Stille verwandelt
hinter deinen gesteinten Mauern.

Des Orgelmeeres Wogen erfüllen
dies Schiff nun ganz,
Bevor es abhebt, allmählich, allmächtig,
in die
HÖHERE BAHN.

Fallen die Schranken der Schwere?
Weiten Akkorde unendlich sich aus?
Erfüllen Deine Klänge mich ganz?

Einen Zettel schrieb vor einhundertfünfzehn Jahren
Der Maurer Adolph Schmiedt.
Seine Werkgenossen auffordernd,
Eine Steuer zu erheben
Für brotlos gemachte
Druckerbrüder.

Alten Prozeßakten liegt er bei seither,
Mit Daumenabdrücken auf rückwärtiger Seite,
Und scharfer Falzung im unteren Drittel.

Oh ihr Klänge, Träume, zum Weinen schön!

IM GASWERK ZUR NACHT

Die Uhr schlug zwölf vom alten Turm.
Vom Schaufelblatt flog Kohlengrus
Ins Ofenloch. Zum Feuersturm
Hoch in die Gasretorte trug's
Das schwarze Gold. Es faucht der Koks,
Bis ihm der Riegel vorgeschlagen.
Von eines Fußtritts dumpfem Stoß
Rollt leer zurück der Kohlewagen.

Der Heizer wischt sich rußgen Schweiß
Mit altem Tuch aus alter Mütze.
Durch Bretterritzen dringt's wie Eis,
Drängt Frostesnacht zur Ofenhitze.
Sechs Karren hat er schon verfahren
In dieser Fahrt und auch verschippt.
Er schippt sie so seit dreißig Jahren,
Vier Fahrten sechs Karren pro Schicht.

Doch nun ist Pause angezeigt,
Derweil die Flamme gierig loht,
Und Gas in die Retorten steigt.
Der Heizer flucht und droht
Mit stummer Faust dem Ofenstück,
Das er, allein, ein alter Mann,
In kalter Nacht mit Grus beschickt,
Damit die Stadt still leuchten kann.

Er stapft hinaus mit schwerem Tritt,
Vom Himmeln splittern kalte Sterne.
Den Kragen schlägt er ins Genick,
Nach Ruhe sehnt er sich, und Wärme.

Im Meßraum zeigen unermüdlich
Die Skalen ihre Werte an.
Er macht's am Brenner sich gemütlich,
Zieht seinen Hocker näher ran.
Er weiß nicht, ob er träumt, ob wacht.
Er ächzt, reibt sich die heiße Stirn,
Still zittern die Zeiger auf ihren Skalen.
Ein Flämmchen züngelt vor Aug und Hirn,
Züngelt bläulich um wässrige Schalen.

Er tritt ans Fenster, wo der Winter sich
Streckt, sinnt hinauf in die frostige Höh'.
Wie viele hat es in Rußland bedeckt,
Dies Leichentuch aus glitzerndem Schnee?
Und plötzlich, in dieser weiten Stunde
Wird ihm in eisiger Schärfe klar: Es ist
keine Macht mit dem Menschen im
Bunde, die nicht zuvor in den Menschen
schon war.

Er sieht seine Hände, rissig und fahl,
Sieht wieder die Freunde am Ofen sitzen,
Und hört aus der Ferne das Klagesignal
Von Lokomotiven, die Dampf
ausschwitzen.

Und Leitungsmaste. die sieht er wachsen,
Sieht Drähte sich schwingen von Mast zu
Mast. Es legen die stählernen Rohre aus
Sachsen zur Ostsee hinauf ihre bauchige
Last. In Erde versenkt, verbinden sie
Länder, verbinden durch Steppe, auf Meeresgrund,
Gebirge und Ströme und Kontinente.
Bis zum Pazifik erstreckt sich ihr Bund.

Da ist ihm, als schüfe ein neues Wesen
Sich selbst, aus eigenem Befund.
Millionen Hände erschaffen dies Wesen,
Millionen, bereit zum Großen Verbund.
Millionen Herzen, die zusammengehören.
Millionen Köpfe, des Wesens Rat.
Seine Adern sind stählerne Röhren.
Seine Nerven sind Nerven aus Draht.

Dies Wesen, nie zuvor gesehen,
Wächst es auch hier, durch Menschenfleiß?
Der Heizer schaut ins leise Wehen
Des Schnees, der jetzt das Haus umkreist.
Vielleicht, in ein, zwei Wintern schon,
Wird er am Schaltpult prüfend blicken,
und wird aus gläserner Reglerstation
Die kleine Stadt mit Gas beschicken.

Beim Sinnen noch packt wie ein Stier
Ein kalter Windstoß ihn im Rücken.
Er fährt herum, sieht in der Tür
Den alten Wächter lahm sich bücken.
Sie grienen sich an zur frühesten Stund,
vom Wetter gegerbt und den Jahren.
Ein Fläschchen tanzt von Mund zu Mund,
Bevor sie die nächsten Karren verfahren.

Die Uhr schlägt eins vom alten Turm,
Vom Schaufelblatt fliegt schwarzer Grus.
Im Ofenloch der wilde Sturm faucht
zornig wilden Gruß.

WILDPARK IM OKTOBER

Die Nüsse sind gesprungen,
Vom Regen schwer,
Oktoberhörner schallen
Vom Walde her.
Die Knoten sind geschlungen,
Das Jahr ist schon gezählt
Was wir im Mai gesungen,
Hat uns der Herbst verweht.

Die Blätter rötlich prangen,
Wohin du blickst.
Jetzt sind's schon
leere Hallen,
In die du trittst.
Dort ruht auf hölzernen Stangen
Ein Himmel aus grauem Basalt.
Die Fenster trüb verhangen,
Wer drinnen wohnt ist alt.

Manch Frucht liegt in der Lade,
Vom Reifen schwer.
Es jagen des Tods Vasallen
Viel Eber und viel Ehr.
Ihre Büchsen sind geladen,
Des Sommers Lerche schweigt.

An eines Kindes Faden
Ein Drachen höher steigt.

LANDSCHAFT BEI POTSDAM

Auf dem Steg
Über der Nuthe,
Zwischen Pappelstaketen
Die schwarzen Wasser
Bevor der Himmel aufreißt
Im April.

Als wäre Leben
Ein Lineal
In logischer Landschaft.

Doch der Schwan fliegt!

Mittellängs der
Pappelstaketen
rauscht er
Über mich hin.

Mit harten Schlägen
Den Graben schwarzen Wassers,
Das Lineare und Befohlene,
Nutzend

Zu flügelschwer-schnellendem Flug.

UNDINE IM SACROWER SEE

Unter die dunklen Wälder,
in die grünen Geräusche,
auf den helleren
Grund
sinkt sie
hinab.
Atemlos schweigend,
Offenen Augs
hinunter
ins gebrochene
Licht,
Und dennoch mir nah.

Aufwärts strebend,
in biegsamer Regung
mit Flossenhänden
durch perlende Wasser,
vorbei an mir,
der Sonne entgegen.

Über der Scheidelinie der Elemente
Öffnet sich ihr lachender Mund.

Schon einmal, erzählen die Märchen,
wären solche mit Zähnen
zurückgekehrt
aus der anderen
schwerelosen Natur.

BERGHOLZ 63

Ein Silbermorgen haucht mit roter Lippe, Landstrich,
deine kalte Blöße wund.
Schienen gleißen, Dampf weht von der Klippe
Fahler Reif von jungem Mädchenmund.

Der Himmel über dir, ein steiler Bogen
Verwölbt von Horizont zu Horizont.
Vor nahen Kiefern flirrt, wie angeflogen,
Gespinst aus Goldhaar, Raureif übersonnt

Rubin, dein Mund! Die Sonn' will sich ergießen Frost
umdrängt des Feuerballes Schwung.
Für eines Lidschlags Dauer, muß es überfließen,
Dies glitzernd Bildnis: Abschied voll Erinnerung.

GEBROCHEN SCHILF

Verlorener Tümpel im Föhrenwald!

Durch hohe Stämme spießt kaltes Licht
Auf dieses Moos, graufädig
wie nahendes Alter.
Vor dunkler Lache zischeln in bleicher Reih'
Geknickte Degen, herbsteinst von Libellen umschwirrt.
GEBROCHEN SCHILF. Und Bruchholz schwabbt.

Es irrt, wer das für Leben hält, weil es
nicht stumm.
Schweigend wachsen Baum und Gras ringsum.

IN DEN ZWEIGEN

In den Zweigen spielte die Sonne.
Mit deinen Haaren spielte der Wind.
Leise flüstern Sinne, schöne Worte
Klingen. Blumen sterben still.

Gestern gingen Traumgestalten
Unter den Kastanien hin.
Durchschritten ferne Zeitenhallen,
Die sich uns entziehn.

Und die sich doch verwandeln.

Wie Felder, deren Früchte
Über Messer fallen,
Der jungen Saat sich neu auftun,
Bis diese alte Erde einmal
Sich auch uns ergibt.

Und durch zukünftige Alleen
Wir als Traumgestalten gehen.
Und spüren leis die Sinne knistern,
Und hören schöne Worte flüstern.
Und sehen Blumen glänzen. Still.

VÖGEL SIND WIR

Hinaus zum Flugplatz! Durch fließende Nacht,
Und gleißenden Regen zum Flugplatz hinaus,
Damit ich das Bild festhalte in mir.
Maschinenvögel schieben ihre metallenen Leiber
zur Startbahn vor. Entziehen sich unserer Sicht,
indem sie anrollen. Erleichtern sich ihrer Schwere,
indem sie abheben, hinfliegen über Länder und Meere.
Sind sie Vögel über den Ebenen,
Sind wir Vögel über der Zeit.

Welch Einfall, anzuklopfen einfach,
Als wäre ich gerade gegangen. Die Tür zu öffnen,
Die Andere eingelassen, ausgeschlossen seither.
An den Tisch mich zu setzen vor dein Bücherregal,
Und die Mädchen zu begrüßen wie einer,
Der sich auskennt. Zehn Jahre später.
Wie gut, daß Du nicht im Haus.

Die Vierzehnjährige eilt, ein Kuvert zu besorgen für den
Vorbeikomm-Gruß. Die Jüngere, unterschieden wie
damals schon, läßt keinen Blick von der flimmernden
Scheibe.

Ich aber fliege zurück, möglich gewesener Vater!
Zurück zu den Milchholgängen im Morgenfrost,
Zu den Zubettgeh-Geschichten am Abend,
unter dem kalten Mond dieser Stadt.
Bis die Vierzehnjährige wiederkommt. Ohne Kuvert.

Da erst erkenne ich hinter der kräftigen Stirn,
Erkenn unterm fallenden Haarschopf,

Den Kopf ausspähend zur Seite verhalten,
Erkenn im verwirrenden Anhauch alten
Notlügenlächelns
DEIN GESICHT.

Warum nicht? denke ich, und übergeb den
Vorbeikommgruß.
Und erfreu mich des Bildes, gesehen durch
Fließende Nacht und gleißenden Regen,
Erfreu mich des Bildes deiner Töchter, wie sie eilends
sich beugen über den Tisch vor deinem Bücherregal,
Meinen Zettel – Gruß in ihren aufflatternden Händen.

Vögel sind wir über den Ebenen.
Vögel bleiben wir über der Zeit.
Und versuchen doch nur,
Die Bilder festzuhalten in uns.
Bilder des Wirklichen.

II

Ziffern und Strophen

1

Die EINS zuerst! Bleibt Mannes Stamm und Zeichen,
Bleibt Pfahl und Keil, der ungrad-unbedingt
In all die erdhaft weichen Formen dringt,
Die uns umschmeicheln und umstreichen.
Auch Kiefer bleib ich, windgezaust, im Feld,
Laternenhalt in schwanker Dämmerwelt,
Bleib Maß der andern, die sich mir vergleichen.

Rakete, die zum Himmel silbern steigt!
Ohn' mich sind weder Raum noch Zeit.

2

Jetzt kommt die ZWEI! Was an mir, muß ich nähren.
Das schwellt den Busen mir, und läßt mich fest
Auf großem Fuße stehn. Ich schütz das Nest,
Den Winkel, mir gegeben zum Gebären.
So werd ich Schlange, Hirtin auch, und Laken.
Doch umgekippt, ein Balken nur mit Haken
Für Andere, die mit Lasten mich beschweren.

Zweiseitig ausgelegt in jedem Streit,
Bleib grad und rund ich, such Gerechtigkeit.

3

Ein DREIBEIN das fällt nie! Hat gute Gründe.
Mir hängen an zum Saufen wie zum Schlingen
Zwei Schüsseln, Synthese alles dessen,
Was ihr so wünscht: Triadisches Geschlinge.
Durchschnittne Acht und wunderlich Gegaukel,
So kann ich schaukelnd stehn und liegend schaukeln.
Drei Ecken kenn ich nicht, und keine Sünde.

Drei Hochs der weltlichen Dreifaltigkeit!
Heute fresse, sauf und rauf ich. Morgen ist weit.

4

VIER Enden hat die Welt. Ich bin der Wächter.
Erhobner Stock scheucht Vögel in die Luft.
Von meinem Standort schau auf Euer Ende
herab dereinst ich. Schluß mit dem Gelächter!
Zu kurz sind meine Arme in den Winden,
Die in der Ferne unerlaubt sich finden,
Ganz ohne mich. Wo bleibt da der Gerechte?

Vier Enden hat die Welt in Ewigkeit.
Ich steh dafür. Ob's hagelt oder schneit.

5

Ich bin die FÜNF. In mir ruhn tiefe Töne.
Die steigen auf zu besserem Gebrauche,
Wenn ihr die Pauke schlagt auf meinem Bauche.
Nur macht damit nicht allzulaut Gedröhne.
Fünf Töne wolln zum Melos sich umschließen
Zu sanftem, ruhig fernöstlichem Genießen.
Die Kontinente lieben manches Schöne.

Fünf Sinne züchtigt falscher Hirten Torheit.
Ins Weltall dringt der Homo Sapiens vor heut.

6

Die DOPPELDREI. Bin Leib und Unterleib
Vor allem. Auch Schnecke, Ringelnatter, Viper.
Das züngelt gern, und giften tut's noch lieber.
Werf ich mein großes Aug auf dich, so bleib!
Ich falle nie. Und wenn ich's dennoch tu,
So richt ich schnell mich wieder auf. Doch du
Liegst einem Alptraum gleich auf deinem Weib.

Dies Lebensziel wär einzigartig meins:
Als Ringelschwanz am Hintern eines Schweins.

7

Ein rechtsgestellter Balken nur, mit Galgen?
SIEBENGESCHEITE. Ist's Don Quichotte doch,
Mit Helmbusch, eingelegter Lanze, der hoch
Zu Roß die Kreise höllischer Gestalten
Durchjagt, und über sieben Meere reitet.
Gedankenstoß, der ewig widerstreitet
Den Plagen der chaotischen Gewalten.

Solang ich streite, bleibt mir die Welt gewiß.
Erst wenn ich schweige, obsiegt Finsternis.

8

Habt ACHT! Ich bin die Acht und habe Macht.
Bin Bauch und Arsch, vor dem ein jeder strammsteht.
Bin dicker Boß, der niemals hintenansteht.
Noch keiner hat mich ungestraft verlacht.
Im Kreis der unbeachtet kleinen Dinge
Bin Zweiring ich, und goldne Doppelschlinge.
Die haben manchen früh schon zahm gemacht.

Mein Signum: hochgestellte Unendlichkeit.
Wer mich mißachtet, tut mir heut schon leid.

9

Bin Aug und Ohr. Das wandert liebend gerne
Durch Feld und Au mit einem langen Stock.
Wie Wandersterne um den Sonnenpflock
Umkreis das Nahe ich aus angenehmer Ferne.
NEUN Schwestern sind mir hold verbunden,
Vertanzen mit mir ihre heitren Stunden.
Dem Neunmalklugen bleibt nur die Laterne.

Laßt toll die Kegel poltern, alle Neun!
Die Musen tanzen schönern Ringelreihn.

0

Gesichtsloser Kreis, in den ihr eingetreten,
Im Nichts das All unendlich zu entfachen,
Aus einer NULL ein Ganzes euch zu machen:
Heraus kommt wieder Nichts. Da hilft kein Beten.Wer
immer mich als Faktor sich verpflichtet,
Fällt tief ins Loch, und wird, von mir genichtet,
Kein einzig Korn aus meinem Urgrund heben.

Erfunden bin ich, wie zum Zeitvertreib...
Du stirbst, selbst wenn du schuldenfrei. Ich bleib.

III

Ferne Nähe

6. AUGUST

Ein Tag wie die Tage in fruchtschweren Sommern: Gelb
alle Ähren,
Die Fernen zartweiß umflort. Durch Staubschwaden
knarren die Naben
Des Rades über Feld und Asphalt. Es schnauben die
Pferde
Im Kummet. Steil zum Himmel geschichtet schwanken
die Garben.
Ein Kopftuch winkt von oben herab. Siehe, Mutter,
Dein Haar umfließt gelöst nun das stille Gesicht.
Nach innen lauschen die Augen, freier schlägt endlich
die Brust!
Die Ernte fahren sie ein, erste Ernte des Nachkriegs
Erfüllt mit Gerste, mit Hafer Scheuer und Haus.
Am Hoftor dröhnt aus des Bauern Stube die Radio-
Stimme:
Hiroshima...

II
Später erfahr ich: Ein Späher zog Kreise über die Stadt.
Aluminiumbeflügelt. Taxierte die Häuser aus Bambus
und Schilf;
Schattenspendend zum Tee, den aus zarter Schale man
trinkt,
Ließen die Lüfte herein sie, hinaus. Damit bebende Erde
Die Menschen nicht schlage, hatten sie spröd' ihre Hüt-
ten gebaut.
Es glitt auch der kreisende Sperber hinab zu den Dä-
chern,

Und pfeilte hinauf in gewölbten Azur – zu wecken das
Bellen
Der Vierlingsgeschütze, der kläffenden Meuten am Rande
der Stadt.
Ihre tödlichen Waffen sie schwiegen. Wer wollte noch
Krieg?
Hatte der göttliche Tenno nicht Frieden geboten
Dem Feind hinterm Meer? Ein Zephir wischt silberne
Schleier

Vom Antlitz des Tals.
Da blitzt durch den Äther das Angriffssignal.

III
Anfliegt der Tod hoch über den Hügeln. Ein Tod aus der
Sonne,
Jagt er heran über Flüsse, reisgrüne Felder, blinkende
Drähte zur Stadt.
Heimtückisch schlägt er, schlägt aus heiterem Himmel
die Schöne.
Zu spröd' gebaut, zu heiter für solche Zeiten und ihre
Gesetze.

IV
Der Späher beäugt noch die Tat, bevor auch er im Blauen
entschwindet.
Alles hat er gesehen: das schwelende Fleisch, die kohlen-
den Stümpfe,
Die Asche im Auge des Tals.
Ein Held, so kehrt er zurück zu den Seinen.

Tatsache bleibt es, nur wenig bekannt:
Ins Irrenhaus mußten sie heimlich
verschließen befohlenes Zeugnis
allmächtigen Mordens.
Zu menschlich schrie sein Gewissen.

DIE WEISSEN GÄNSE VON TIHANY

Die weißen Gänse von Tihany wandeln gemächlich im
grünen Wiesenmeer unter dem rötlichen Himmel des
Abends.
Bis ein Wind sich aufmacht.
Da entfalten sie gar prächtig ihre Flügel,
Und wie mit geblähten Segeln durchschwimmen
Ihre spitzkieligen Leiber den asphaltenen Fluß,
Der den Weg ihnen weist zum heimischen Stall.

Vom goldenen Kreuz blinkt der Widerschein
Einer blutenden Sonne ihnen ins lidlose Aug.

Nachts aber, wenn wir Erdmenschen ruhen,
Fliegen sie hoch über die goldenen Kreuze,
Und fechten mit ihren gelben Schnäbeln
Die Gewitter aus über Pecs und Keczkemet,
Und über dem heiligen Tiefland auch,
Wo der Dichter geboren.

Sind die Donner verrollt,
Hörst du ihre mächtigen Flügel rauschen.
Denn dies ist die Zeit, da die Gänse heimwärts
ziehen:
Unter der roten Sonne des Morgens.
Über die Wiesen. Grün.

KAUKASISCHE SAPPHO

Das weiße Pult im amphitralen Saal
Thront breitgewichtig vor den tausend Augen, die
ohne Lidschlag, scharf
Wie Stabesspitzen oder liebesbrav,
Die Worte aus dem Mund ihr saugen.

Sie aber steht in dieser Helle wie geborgen,
Steht wie am Tisch, wo sie mit ihren Brüdern spricht.
Ihr Vers kreist kühl im Nebelmorgen
Von Tallin, wo Kraniche den Schrei besorgen,
Der nun gebändigt aus der Wandung ihrer Seele bricht.

Die schmale Hand liegt an am weißen Pult,
Und zittert nicht, und ist sich selbst genug in allem.

Sie läßt der Väter tausendjährige Schuld,
läßt ihrer Mütter längst verwehten Kult
Ganz ungerührt im hohen Saal aushallen.

Der allein vernimmt aus ihrer fernen Stirn
Die unablässig – rhythmischen Signale,
Und leitet weiter, was Kaukasiens Eisesfirn
Hinuntergibt in Moskaus bunte Wirrn:
UND DECHIFFRIERT SIE ALLE.
ALLEN HIER IM SAALE.

BADACZONY-WEINSTÖCKE

Nichts Menschlicheres kenn ich, Freunde, als sie!
Wohl zwanzigmal und Jahr um Jahr
Umhackt, wächst ein jeglicher für sich allein,
Und doch ein Taktstrich nur in den Linien
Aus Draht, an denen die Töne ihm reifen.

Mit ihren Wurzeln holen sie
Den Schweiß des Vergangnen herauf,
Die Tränen der Tiefe. Holen sie herauf
Ins klirrende Licht, wo Sonne und Tag
Ein Laut schon geworden, und wo ihre Töne,
Zu Melodien gereiht, in stummen Akkorden
Herunterdröhnen
Von den grauen Pfeilern der Felsenorgel
Auf des Balatons grüne Gestade.

Bis die Sterne zu klingen beginnen. Die Nacht.

BIESZCZADY

Dorthin fahren,
Wo das Holz noch riecht,
Und der Wald dampft
Nach dem Regen.

Ruhen,
Wenn die Stille redet,
Und ein Hund auf weichen Pfoten
Nachts
Das Haus umkreist.

Bleiben,
Wenn die Frösche wandern,
Und der Habicht steht,
Wie angepflockt,
In blauer Luft.

Aufwärts steigen,
Wenn die Bäche stürzen,
Und der Baum fällt
Unterm Schlag
Der einen Axt

Dorthin fahren
Wo das Holz noch
riecht.

VIRFUL CU DOR

Auf grünen Blättern Schnee.
Er vergeht an der Wärme aus Wurzeln.
Auf harten Pfaden Eis.
Es bricht unter den fordernden Schritten der Liebe.

Auf weiten Wiesen Reif.
In Tau verwandelt ihn aufsteigende Sonne.
An einer Dachrinne Zapfenspitzen.
Sie tropfen herab mit der Zeit.
Doch mein Sehnsuchtsgipfel, Virful cu dor,
Glänzt noch immer herüber zu mir
In festlichem Weiß.

HUNDSKOPF

Auf den Hundskopf bin ich gestiegen,
Sitz ihm zwischen den Ohren jetzt.
Buchen stehen ihm verwettert zu Berg.
Schon von Fichten umzingelt,
Die ihm das Fell vernadeln.
Uralter Wächter am Prahova-Fluß
Mit waldumdüsterten Augen!
Wenn er aufjault noch manchmal,
Ist es der Sturm nur, der ihn umstreicht.
Bleicher Morgenmond nicht
Über der Schanze aus Bergen.

LIPSCANI

Dies ist der Fluß, der aufwärts fließt,
und anschwillt mit der Hitze.
Um seine hölzernen Buhnen
strudeln die Schwimmer mit dem Strom.

Über seine Steine auf dem Grund
huschen die Fischlein, die jungen,
zwischen Taschen und Netzen hindurch
zu den Sprudelquellen rot und grün
aus Glas und Metall.
Denen hängen sie an
mit dürstenden Augen.

Zwischen Buhnen und Buden verlieren sich,
die sich lieben. Und die Tauschbrüder auch.
Von seinen hochgesteinten Ufern
widerhallen die Rufe derer,
die sich nicht begegnen.

Denn dies ist der Fluß, der aufwärts fließt, und abwärts
rennt,
wenn sich die Wasser ergießen.
In solch nasser, leerer Nacht waren wir es, Frösche aus
dem Hanul lui Manuc,
die hinauf sich quakten,
sich aufwärts stießen,
zur
Cale Victoriei.

DIES FERNE BILD

Es ist dies ferne Bild, das mich geschlagen,
Das wie die Sonne brennend mir vor Augen steht,
Das sich an alten Träumen neu belebt,
Von dem ich spreche, ohne es zu sagen.

Mit dem ich rede, ohne je zu klagen,
Daß da kein Liebesruf hinübergeht,
Und auch kein Echoklang herüberweht
Von sieben stummen, allzu fernen Tagen.

Noch kann ich schreiben, und an Träumen bauen,
Die mir kein Blick einreißt, und keine Hand.
Sie werden feststehen erst in jenem Land,
Das unsere Enkel kennt und ihre Frauen.

Dies ferne Bildnis ist's, das mich geschlagen.
Du siehst mich still, mein Tag. Hör auf zu fragen.

SPIEGELUNGEN

Efeu umschlingt das Betonmassiv, aus Öl erstanden.
Auf Dächern, platt wie Teer, wälzt die Hitze sich
Der Walachei.
Rosenblatt im Haargehänge,
Zigarettenrauchgekringel vor roter Lippe, lacht
Die Zauberin, derweil zwei Lyceanen, wollbestrumpft
Und lesend, vor Bank und Teichen sich ergehen im
Cismigiu Park.
Schwarz glänzender Kaffeerest im Satz.
Regenbogen im Tassengrund.

Rapidzug rast ins hohe Land, zur Kronen-Stadt,
Europas Christenstädte erste grüßte sie
Allmorgendlich die Sonne. Den Schrankenbaum be-
wacht,
Wie eingepflanzt, ein strenger Wächter, präsentiert
Dem neuen Tempomacher.
Unterm Maulbeerbaum, neben der Tankstation, erbettelt
mit Schmeichelstimme
Und fremdem Kind im Arm, Almosen die junge Zigeune-
rin.
Regenbogen in öliger Lache.

Nur einen Ausblick hat des Burgbergs Kathedrale.
Zum ohnmächtigen Himmel. Dorthin trägt es die Lieder,
von dorther ergießt sich das Licht.
Es singt die zierliche Frau, ein Kind an jeglicher Hand,
den verläßlichen Gatten zur Seite, von ihrer
Festen Burg, nickt freundlich den Nachbarn zu.

Autoschlangen schieben burgwärts die Welt. Regenbogen
in der einen Rosette.

Zur frühesten Stunde dröhnen Hirtengesänge wie
Glocken den Turmweg hinan, erfüllen die
Pfingstliche Stadt. Füße stampfen trunkene Rhythmen
zum Schopfen hin,
Wo um Mitternacht, vom Bruder räubrischen Freunden
Arglos anvertraut, vom Mondlicht silbern umglänzt,
Auf Auslösung die glühende Braut gewartet.
Trinklieder kommen den Glockenklängen zuvor in Sighi-
soara.
Regenbogen in gefüllten Pokalen.

Südöstlicher Diwan, tiefschwarz glänzender Kaffeegrund.
Die Zauberin war ein Pierrot. Ein sehnsüchtig Weib
Die holde Sängerin christlicher Psalmen. Das fremde
Kind
Im Arm saß, unterm Maulbeerbaum, die glühende
Braut.
Verwirrt erhebe ich mich, trete ans halboffene Fenster,
Vor dem in der Wolkenwand der Hitzeball gleißt. Und
schrecke zurück vor neuerlicher Täuschung:

Zwei Sonnen stehen jetzt über Bukarest!

MELNIK

Wie hingestellt im Mittagssonnenglast
Die Stadt. Hoch zur Klosterfeste wallten hier
Die armen Leut', dem Weinberg ihres Herrn
Geweihte Kerzen opfernd, höllenbang.

Verkrümmt und eingehüllt in schwarzes Tuch,
Mit Kreuzen weiß und blutigrot bestickt.
So brachen in die Knie, die fremdes Mönchsgewächs
Wohl zwanzigmal und Jahr für Jahr umhackt

Davon blieb, was steinern war und groß.
Pastellne Marktplatzfront und Kirchenschrein
(Noch ein Klavier klingt hier wie ein Spinett)
Des Hopfens grünes Reusennetz und gelber Weizen-
schoß, der Berge Sonnentrank

Ein Archivar entstaubt das Gottesjoch
Im Schatten weißgetünchter Kolonnaden
Vom Rathausgiebel grüßt ein Fünfzack, rot.

Busse bringen selbstbewußte Fracht.
Moraviens Bauern, Böhmens Arbeitsmann.
Verschwielte Hände streifen güldne Pracht
Ein junges Paar strebt lachend himmelan.

Ins Elbtal zieht die Moldau labend ein
Aus alten Dauben stürzt ein junger Wein.

JASNAJ POLJANA

Eis knirscht unter harter Sohle.
Atem steht als Fahne vor dem Mund.
Hunde kauern sich, wie anbefohlen.
Dächer hingestreckt im Wiesengrund.
Aufgesteckt dem weißen Himmelslaken
Helle Tafeln mit den schwarzen Zeichen:
Ort der Stille. Wer könnt' ihm entweichen?
Schnee fällt aus dem Wolkenwagen.

Augen sehen hinterm Flockentuch
Des Alten letzte Größe, Tat und Traum.
Schlitten, Strohsack, Kutscherfluch!
Angstgebete. Nur: die hört er kaum.
Pilgern muß er, gottnah, in die ferne
Menschennähe, in die Sorgenwelt.
Nur wer tief ins Leiden fällt,
Kennt der Nächte kalte Sterne.

Verlaß die Treppen, such die Hütten!
Holz wächst überall. Dies Weib vergiß!
Gold treibt kein Korn. Der Bäurin Bitte
Geht nach Linnen. Eins nur ist gewiß:
Nicht länger dieses lustverdorbne Wissen
Um adlig-heitre Lebensweise.
Aufstand nach der langen Lebensreise!
Auferstehung im Gewissen.

Tee braucht keinen Silbersamowar.
Kutscherbruder, fahr auf Tula zu!
Wärme spendet, weil Leben sie gebar,
Noch des ärmsten Bauern schwache Kuh.
Erde sei des Menschen Plage.

Wasser stillt des Durstes Pein.
Brot, es kräftigt das schwache Gebein.
Das Leiden bleibt uns aufgetragen.

Fahler Morgen auf dem hellen Felde.
Spur von Schlittenkufen längst verweht.
Zank, der bis zum Zarenhofe gellte.
Stille aber, die geboten, webt
Über diese Dächer, diese Wiesen.
Stiller Wald, durch den du sinnend gehst.
Grünes Grab, vor dem du schweigend stehst.
Antwort raunt eines Bächleins Fließen.

RYNEK zu KRAKAU

Dir, Mickiewicz, gehört der Sockel, auf dem die Knaben
sitzen
und die junge Schöne steht, um mit Augenblitzen
heißen Sehnsuchtdenkens ihren Pfadfindersommer
glückhaft zu beenden. Vergessen sind Donner
und Hitze, des morgendlichen Flußes Kühle.
Verwegne Blicke durchzucken Kraków's Marktgewühle.
Lässig stehen dort drei Königssöhne aus südlicher Steppe,
Lässig den Sack mit Pannoniens grünweißroter Palette
Über die hohen Schultern gefaßt. Um die schmalen Len-
den,
Am ledernen Gurt, die Trink- und Würfelbecher
fahrender Studenten.

Polens jungschöne Tochter schlägt mit kräftiger Hand Ak-
korde aus ihrer Guitarre, bedrängt mit heftigen Worten
Freundinnen, die sich müd auf steinwarmer Stufe strecken,
anstatt drei Pußtakönige aus soviel Lässigkeit zu erwecken.
Schon fliegt sie, Brüste straff wie frische Gedanken,
im ,yellow podwódnji parochod' hin zu ihnen
über Sprachesschranken.
Entflammten nicht stets noch Polens jugendliche Schöne
Für unerreichbar ferne Königssöhne?

Die aber schlendern ungerührt vom Markt in die Gassen
der Altstadt. Polen's Tochter siehst du erblassen.
Augen verstummen, Worte versteinern, nur Trauer
Von zaghaft klingender Saite schwingt. Genauer
fühlt des Dichters Strophen sie jetzt von menschlichen
Taten,
die groß nur geraten, wenn von heiliger Sehnsucht getragen.

Traum und Tat, wer vermag sie je voneinander zu scheiden?
Drum Haare in den Nacken!
Polens Tochter steht aufgerichtet wieder,
schlägt neue, scharfe Akkorde an. Der Träume sind viele.

Du hingegen, Gefährtin mein, aus Sachsens klugen Gefilden
saßest hoch droben, dem Dichter zunächst, um sorgfältig
abzubilden
steinerner Hallen mächtige Quader.
Die stehen morgen wie gestern.
Abgewandt von des Dichters junglebendigen Schwestern,
den Skizzenblock auf spitzen Knien, zogst scharfe
Linien du auf stummes Papier, Landsmännin, brave.
Hättest zu Mickiewicz die Augen ein einziges Mal Du erho-
ben,
Du sähest, wie ich, auch über Dich ihn lächeln, dort oben.

DAS GROSSE PENDEL IN LENINGRAD

I

Der Himmel über dir eine Kuppel aus Stein.
In streng durchdachter Ordnung hochgeschichtet, festen
Winkelmaßen nachgerichtet
Wie ist der Mensch in GOTTES Haus so klein!

Bilder blicken stumm von hohen Wänden
Mit Gold und Silber schmückte sich die Macht
Kühle weht dich an aus jener Nacht
der Zarengruft. SIE ruhen in SEINEN Händen.

Armut und Siechtum auch. Ruhm desgleichen
Vorbestimmt war des Werkes Bau.
Engel jubilieren im Himmelsblau.
In Demut kniet! Wo herrschet SEINESGLEICHEN?

Rotierende Planeten auf elliptischen Bahnen?
Allmächtige Schöpfung ist doch kein Roulette!
Herrlich regiert SEIN Weltkabinett
DER HERR. Isaaks Kuppel preist SEINEN Namen

II

Ehrfurcht vor allem! Im hohen Haus wiegt Stille
die heiligen Ikonen. Bauern rücken
entblößten Hauptes vor, Arbeiter blicken
gedankenschwer. War es wirklich Menschenwille,
der diesen Bau erschuf? Den hohen Himmel,
Der Bilder reinen Glanz, die betörenden Chöre?

Die Studentin führt freundlich, als kenne und höre
die stummen Fragen sie, aus dem Gewimmel
ihre gewichtigen Gäste. Vom Kuppelbogen
hängt aus Hanf ein Tau, ein Riesenseil.
Daran, als des Pendels stabilisierendes Teil:
Die holzschwere Kugel. Zwei Popen hätte sie aufgewogen.

Sie aber zieht die Studentin mit ihren geringen
Kräften zu sich heran, und lässt
Mit kräftgem Anstoß sie im Kreis,
der um des Schiffes Mitte gelegt,
hin und wider schwingen.

III

Unverrückbar der Bau, die schlanken Streben,
zwischen denen der Riesenklöppel hin und wider
schwingt.
Ein hölzern Perpendikel, das mit der Schwerkraft ringt,
und lautlos die Sekunden zählt.
Ein Alter bekreuzigt sich. Der Jüngere
Denkt schweigend nach.
Die Blicke beider lenkt
auf des Kreises Bogengrade
die Studentin.
Und Du erblickst:
Dies Ungeheure der errechneten Bestimmung!

Es dreht der Kreis sich um den Klöppels Schwingung
Pfeiler und Streben, Wände und Figuren,
die stummen Bilder, sie gleiten, Strich um Strich,
ums Pendel. Es dreht der blaugoldne Himmel sich,
und du mit ihm! Auf gleiche Stufe erhoben.

IV

Die alte Demut vor den Kopf zu stoßen,
Auszutreiben der Herren vergöttlichten Stolz,
brauchte es, zur Kugel aus hartem, russischem Holz,
Ein Schiffs-Tau noch,
Von Kronstadts roten Matrosen.

IM STÄDTISCHEN BAD

Hinab auf den Grund! Hinein in den Sog aus Chlor und
Ozon!
Schon umschließet dich Tod, Euphorions Schatten und
Meister.
Steinschwer versinkst in den Schoß, seinen flüssigen, du –
Und findest nur Kacheln.

Eingekachelter Leiber unsteter Zug im grünen Bassin!
Es schäumt der schwere Delphin, eines im Atem,
Eines mit gebräunter Haut am Muskelgesträng –
Und kann doch nicht fliegen.

Gebundene Wasser zerteilen die andern, Jüngling und Mäd-
chen!
Gelächter umschwirrt ihres Beckens fülliges Rund.
Aug im Gegenaug. Dahin! Und nie,
Nienimmermehr dasselbe.

Das Glashaus dröhnt. Haut entflammt in hölzernen Ver-
schlägen.
Zwei nackte Sohlen tappen stumm vorbei.
Du stehest still, und lauschst. Erfreust zuletzt
Dich deines Körpers doch.

ZUR KÄLTESTEN STUNDE

Wie könnt ich singen in der Kälte,
Die müde ist wie stumpfer Schnee?
Wie Stein auf längst umbrochnem Felde,
Wie Astgestrüpp an blachem See?

Was soll ich reden von der Schönheit,
Die stumm auf alten Dingen liegt?
Von dunkler Frau im schwarzem Kleid,
Die sich im Schmuck gelebter Stunden wiegt?

Warum nicht schweigen vor der Stille,
Die alle Tage einst umfließt?
Junge Zungen reden aus der Fülle,
Zerreden, was die Nacht beschließt.

Es gleiten Wolken, grau und rosa,
Am gleichen Himmel über Land und Meer.
Die einen sind unseres Lebens Prosa,
Die andern kommen vom Morgen her.

Sie kommen zu uns aus künftigen Zeiten,
In denen die Enkel schon Flamme sind.
Ihr rosa Fell glänzt Lamm und Seide,
Wenn zur kältesten Stunde die Sonne gerinnt.

DER REGEN KOMMT

Der Sturm heult wieder.
In den Kachelöfen jault er gar schrecklich.
Als er uns draußen anwütete, wurden uns schnell die
Ohre taub.
Warum heult er nur so?
Die SALAMANDER sind längst durchs Feuer gegangen.
KÄFER, die niemand gefragt, krabbeln weiter.
Allmählich formieren sich AMEISENHEERE.
Nur unter THERMITEN breitet sich Panik aus:
Es gäbe bald nichts mehr, fürchten sie,
daß zu zersetzen SICH RECHNE.

Zieht deshalb dies Gewitter herauf mit Blitzen, die zer-
spalten und zündeln sollen?

Mit Sturmgeheul in den Kachelöfen?

Da heißt es, die Wurzeln ins Erdreich krallen,
damit keiner umfällt, den es trifft,
und keiner, auflodernd, den Wald
entflammt,
bevor sich die Wolken ergießen.

Der Regen kommt.

TAG DANACH

Aus den Wassern seh ich dich steigen,
Aus den Wassern, die man ‚die frühen' nennt,
Seh deinen Kopf überm Schilf sich neigen.
Aus den Wassern seh ich dich steigen:
JUGEND, vom Silbermorgen umglänzt.

Im Gras seh ich dich bei mir liegen,
Im Gras, das uns wie Feuer einhüllt,
Seh deinen Hals vom Leib sich biegen,
Im Gras seh ich dich bei mir liegen:
MUSIK, die unseren Mittag erfüllt.

Im Park seh ich dich vor mir sitzen,
Im Park, der sich vom Himmel die Schatten nimmt,
Seh deiner Dunkelbrille Spott aufblitzen.
Im Park seh ich dich vor mir sitzen:
VERNUNFT, die um des Abends Kühle sinnt.

IV

Zuhause un Drumrum

SCHACH MIT DEM SOHN

Verzeih mir, Sohn, daß ich Dich manchmal schelte,
Wenn Ungeduld mir oft den Klecks nur in den
Heften, von den Verkündigungen Deines Daseins
Die Kreidezeichen an der Wand zuerst mir zeigt.
Verzeih mir Sohn, daß ich Dich manchmal schelte,
Doch wie Du jetzt erwiderst, und meinen
Hinterhalt auf Deinen Turm parierst –
stimmt mich heiter.
Natürlich schaffst Du's nicht, mich so zu
Überlisten. Noch hab ich stets die Mark entdeckt,
die Du am Gartentor verbuddelt, und weiß, wer
heimlich liest und wann, wer unerlaubt ins Ferne
sieht und wo, und kenn das Schauspiel längst, das
Deiner Mutter Geld entlocken soll für Kinogang
und Zuckerwerk.
Natürlich schaffst Du's nicht, mich so zu
überlisten!
Doch wie Du jetzt entgegnest, und schlau den
Bauern vorschiebst, damit ich drüber stolpere-
stimmt mich heiter.
Noch spür ich, Sohn, zu welchem Netz des Denkens
Fäden sich in Deinem Kopf verweben! Und seh den
Aufruhr schwarz in Deinen Augen stehen. Und
fühl, wie Du, die Schwierigkeit, das Denken

hochzuhalten, eigenen Plan, in all dem Ärger
der Verwicklungen. Doch wie Du jetzt rochierst, um
Deinen Angriff vorzutragen, der Pferd und Turm
mich kosten soll, schon in zwei Zügen –
Das, Junge, stimmt mich
heiter!

ALLZU KINDISCH KINDLICHES

ICHMICH kannte DUSICH nicht.
ES war nicht zu machen.
IHREUCH aber kannte sich
aus in supergeilen Sachen.

IHREUCH zeigt erkenntlich sich,
koppelte ferne Verwandtschaft.
NICHT und NEFF erfuhrn die Freud
Bilateraler Bekanntschaft.

Erfüllung brachte ES ans Licht.
Damit aber hat
ES-SICH.

ICHMICH will, und
DUSICH kann.
WIRUNS aber darf nicht.

WIRUNS darf, und
ICHMICH will.
DUSICH aber kann nicht.

DUSICH IST DOOF!

VIERHÄNDIG SPIELEN

Du spielst die helleren Töne.
Ich spiele die dicken Akkorde, vielfingrige
Läufe.
Noch gehört mir der schwierigere Part.
Doch Dir gehört schon die Melodie,
Die uns beide bestimmt.

Ich tadle Deine Fehlgriffe.
Jeder mißlungene Anschlag zählt,
Weil er melodischen Bogen verschandelt.
Von meinen Patzern spricht niemand.

Wie lange noch?

ZEHN JAHRE

Zehn Jahre, die glitten so schnell vorüber
Mit Arbeit, Liebe, auch manchem Streit.
Im Elften, sagt man, kehrt das Erste wieder,
Die Kinder rennen zur Schule hinüber.
Dies war unsere kräftige Zeit.

Zehn Jahre, die wurden auf einmal zum Zeichen,
Unerwartet, wie dein Morgenblick,
Wie deine Hand, die im Vorüberstreichen
Ganz plötzlich innehielt, statt auszuweichen.
So manches ist uns geglückt.

Zehn Jahre, die schreiben uns Zukunft vor,
Sie wissen vor sich Herbst und Winter.
Wir bleiben, trotz aller Gewohnheiten Chor, Trotz Alltag,
Spott auch, und Silberflor:
Die mit den klügeren Kindern.

NOVEMBER 65

Wieder fallen mit schweren Schlägen
Alle die Türen des Sommers zu.
Wieder brüllt durch neblichten Regen
Ihre stierigen Ängste die Heilige Kuh.

Wieder umtanzen Stürme die Erde,
Beugt alles Gras sich, duckt sich der Qualm.
Wieder stürmt gen Süden die Herde,
Hufe schlagen gebrochenen Halm.

Wieder trommeln Krummstab und Krückstock
Gegen verschlossene Türen, Eisernes Tor.
Wieder postiern sich am uralten Richtblock
Henker von Gestern zum hochheiligen Chor.

Wieder zucken weidwunde Herzen
Vor dümmlicher Machtpeitschen Knall.
Wieder träumen wir Narren vom Märzen,
Wiederum ganz ohne Widerhall.

Wieder sind Wirbel und eisblaue Firne,
Wieder loht Feuer und Widerschein.
Mühsal haust wieder in fiebrigen Hirnen.
Und all die Hoffenden stehen wieder allein.

DIESES GEWESENE LAND. HIER.

Wie viele saßen schon am Strand, haben
Tang gerochen, sich gefragt: ist Stille
Nur im Wellenschlag, und Zeit ein ferner
Horizont, vor dem die weißen Vögel
Auf und nieder schwingen?

Denn sie lebten landeinwärts.
Rodeten schwarze Wälder unter dem Sand.
Verzehrten ihrer Felder Früchte, eigener
Ställe Getier. Pflanzten hochgeschossigen
Beton. Züchteten Datschen. Trainierten ihre
Unschlagbaren Töchter, und hinstellten,
Trotz tausend Sitzungen täglich,
Die komplizierten Entäußerungen ihrer
Gedanken: Eigener Einfälle List und Last.

Abends aber, wenn der beredte Tag
Abfiel von ihnen, tranken sie,
Jeder für sich, bei den Seinen,
Kolorierten Schaum aus dem Bierglas für alle.
Kinder und Zärtlichkeiten zeugten sie nachts.
Auch der Hirngespinste gebärten sie viele,
Manche im Schlaf noch, der sie oft schon floh.
FÜR DIESES GEWESENE LAND. HIER.
Ruhig wölbt sich des Meeres sanft ansteigender Bogen.
Wie mit Händen zu streichen.
DER TIEFEN VOLL.

DRITTE JUGEND

Nein, Liebste, mein Herz ist kein Adler,
Der die Sonne anstürmt.
Eine Schwalbe vielleicht,
Segelnd im Abendwind
Um des Hauses schützenden First,
Ist mein Herz
Nach soviel geschlagenen Stunden.

Die Löwin faucht.
Es flieht das behende Reh
In des Waldes Schattengespinst.
Wohlig räkelt auf sonnigem Stein
Sich die Schlange.

Nein, Liebste, mein Herz ist kein Adler,
Der im Flug seine Beute schlägt.
Ein Gnom vielleicht,
Sitzend auf einem Baumstumpf,
Mit müdem Mund und lächelnden Augen,
Ist mein Herz
Nach soviel durchpulsten Jahren.

Du aber, Liebste,
Deckst den Tisch mir zur Abendzeit,
Bist um mich am geschäftigen Morgen.

Ein Stück Kohle vielleicht,
Das uns wärmt
Nach so vielen Metamorphosen,
Sei von nun an, Liebste,
Mein Herz.

FABEL

Zum Bären kam, zerrupft und mager,
Der stolze, scharfäugige Falke.
»Wie seid so dick und prall Ihr, Schwager?
Ich halte mich kaum auf der Kralle.
Fleißig befolg ich des Löwen Rat,
Bekämpfe den Wolf und den Drachen,
Das Schlechte auch im eigenen Staat,
Die Satten, die Harten, die Flachen.«

»So hast Du«, sprach Petz, die Stimme gedämpft,
Strich 's Bäuchlein in stillem Genießen,
»Indem du das Schlechte bei uns bekämpft,
Das Gute an uns gepriesen.«

»Welch Glück, daß wenigstens Ihr mich versteht!«
Des Falken Augen erstrahlten.
»Doch sagt, wieso Euch es so glänzend ergeht,
Wollt Ihr mir's nicht endlich verraten?«

Meister Petz schmatzte wohlig, die Tätzlein verschränkt.
»Meinen Honig laßt Euch nicht verdrießen.
Ich hab halt das Schlechte bei uns bekämpft,
Indem ich das Gute gepriesen.«

NEBENEINANDER

Dich und auch Dich, vor der einen Wand,
Auf der einen Bank, hinter dem einen Tisch!
Die Augen möchten tanzen, doch sie tanzen nicht.
Um nichts zu verraten, Dich nicht, und nicht Dich.

O säß ich im Dunkel, und ihr nur säßet im Licht!

So aber bleibt mir, vor der doppelten Optik
Eurer Augenpaare, nichts
Als hinauszugehen, und mir vorzustellen,
Unbelichtet, doch nebeneinander:
Dich, und auch Dich!
Vor der einen Wand,
Auf der einen Bank, hinter dem einen Tisch.

ES WIRD EIN ABEND SEIN

Es wird ein Abend sein, an dem wir wissen:
Wir sind nun angelangt, wir sind am Ziel.
Bald wird einer von uns gehen müssen,
Der andere, allein, wird ihn vermissen.
Da wird kein Anfang sein, kein neues Spiel.

Ein Lächeln wie von weißen Anemonen,
Es legt sich fragend über dein Gesicht.
Die Zeit, die wir gemeinsam noch bewohnen,
wird uns auch jetzt nicht schonen, doch belohnen
Wird sie uns mit ihrem späten Licht.

Am Abend, wenn Bäume sich den Tag erzählen,
Umhüllt die Sonne sie mit roter Glut.
Die Nacht ist Schlaf, der wird uns nicht quälen.
Die Liebe nur wird einem von uns fehlen.
Doch wer gegangen ist, der hat es gut.
IST FREI.

V

Coram Publico

KUBA – AUGAPFEL MEIN!

Im Dämmergrau
schoben ihre Schattenleiber
die Wölfe
Zum Horizont voran.
Öl verfauchten
gierende Nüstern,
und ihre tödlichen Reißer blinkten metallisch
im Widerschein
Morgenrot blutender Sonne.
Hungrig hecheln
wässrige Zungen,
Torpedoabschußrohre,
an schäumender Flanke.
Hornissen steigen auf
aus dem schäbigen Fell
oftmals gegerbter Rücken.
Die gesträubten Antennen
in steter Bereitschaft
jeglichen Befehl
Aus der Wolfszentrale
bedingungslos
weiterzuleiten,
Umkreist das gierende Rudel
Dich, KUBA – AUGAPFEL MEIN!
Jimmy Walker, der du auf dem Kreuzberg Posten
schiebst! General, der Du hier in Konserven investiert
hast! Rennt zum Oberwolf!
Damit er schleunigst zum Schwanzeinziehen
Befehl erteilt.

UND ÜBER DER STADT

Von Heldenopfern berichten die Alten. Es übersteigert
Der Mensch sich im Anblick der Drangsal.
Bezeugt noch
Im Tod, wozu ihn die Seinen befähigt.

Todgewärtig knüpft der Illegale sein verborgenes Netz.
Todesgewiß tritt vor den Richtblock der unerschütterte
Kämpfer. Im Unvermeidlichen grüßt er fortdauernden
Sinn.

Was aber bleibt zu sagen von jenem, eben erst aufgestie-
gen
Zu täglichem Flug, das Scherzwort des Kindes im Ohr,
Liebenden Kuß der Frau auf den Lippen, die ihm nach-
winkt
Zu täglichem Dienst – und der nun, herausgeschleudert
Aus Alltäglichem, in einer Minute wildem Verlauf den
Eigenen Tod ansteuern muß über der Stadt?

Ein Befehl ist über allen Befehlen: Es übersteigert
Der Mensch sich im Ansturm der Drangsal. Erspäht noch
Den Platz seines Todes, und steuert, ins Aug ihn fassend,
sicher ihn an mit eigener Hand.
Über der Stadt teilen sich Wolken. Vögel stürzen herab.
Rauchsäulen steigen auf.
Der See schweigt.

30. JUNI 1971

Sie waren außer uns, Brüder!
Lebten für eines Mondes Dauer,
Den Himmel unter sich,
Und über sich die Erde.

Kreisten freier als die Vögel,
Sahen die ungefilterte Sonne
Und die Sterne, wie sie leuchten
Hinter dem Schleier aus Luft,
Der uns den Blick noch begrenzt.

Sandten Botschaften, frohgemute,
Auch uns, Brüder, deren Herzen
Aufflogen zu ihnen ins Schwerelose.

Schwer fällt die Rückkehr ins Erdenschwere
Den Schwerelosen.
Schwer drückt Trauer die Frohgemuten.
Und doch, Brüder,

Sie waren außer uns, und uns schon voraus
In einer anderen Welt.

DIE UNWIEDERHOLBAREN

Du fragst, was uns an ihnen imponiert?
Wie Erstgeborne uns an sie verbündet?
Bedenke: nicht alles wiederholt sich.
Auch unwiederholbar ist nicht alles, obwohl
Die Zeit gewißlich ohne Umkehr strömt.

Nur wenige sind noch. Hier feiert einer still
Geburtstag. Dort siehst den Freund du stumm am Grabe
eines Freunds verweilen, derweil
Ein Dritter heiteren Sinns mit jungen Leuten Spricht.

Einfache Leute waren sie. Maurer, Dreher, Häuer im
Schacht. Saßen mit Muttern
Am Küchentisch, zogen Kinder groß,
Zahlten Beiträge für die Gewerkschaftsarbeit.
Mit ihren Kumpeln besprachen sie, wie dick
Das Stück Fleisch in der Suppe ist,
Und wie hoch sich die Miete beläuft
Für die Herren von der Wohnungsbaugesellschaft.

Einfache Leute, Kumpel, Kollegen. Doch sie
Marschierten den Demonstrationen voran,
Schliefen über den Broschüren nicht ein.
Organisatoren wurden sie, Streikführer, wurden, von
Kämpfen durchwettert, Klassenfeind dem Klassenfeind,
des Volkes Abgeordnete und Fallbeil-Kandidaten.

Vom Glück begünstigt,
das sie nicht leugneten, erlebten sie des
Sieges Stunde, den ihr Volk nicht errungen.
Und standen, von Stund an, als außerordentliche

Beauftragte, Bürgermeister, Wirtschaftskapitäne
(zwölf Stunden täglich und nächtens auch)
Mancherlei Räten vor. Selbst Staatenlenker,
Excellenzen wurden sie genannt,
Auf internationalem, glattem Parkett.

Und machten Fehler. Nicht selten,
mehr als sie ahnten.

Doch sie blieben, in drei Leben,
Im Untergrund wie auf Ehrentribünen
Einfache Leute, die mit Muttern gern
In der Küche sitzen, und Enkel beschenken,
Und Beiträge kassieren für die Gewerkschaftsarbeit,

Von ihren Kumpeln wollten sie wissen,
Ob der Wettbewerb richtig organisiert ist, und
Ob das Stück Fleisch in der Suppe jetzt reicht.
Vor des Volkes hochgeschossigen Blöcken
Erkundigen sie sich, wer darinnen wohnt.

Die Unwiederholbaren sind sie geblieben.
Für die Zukünftigen auch.

NACHRUF

auf einen jugendlichen Republikflüchtling

Von uns bist du gegangen,
Dessen Licht noch leuchten sollt.
Hast nach der Nacht, der langen,
Im Dämmermorgen dich getrollt.

Du wolltest mal verreisen,
Hurtig, auf nach Kanada,
Zur Südsee, wo die heißen
Südseedamen nackt und nah.

Du wolltest mal versuchen,
Wie die bunte Welt dir schmeckt,
Ob statt des Schwarzbrots Kuchen
Dir ein Ober untertänig deckt.

Du wolltest zünftig leben:
Abenteuer, Sonnenglut.
Hell schmettern schon Trompeten!
Algier schluckt noch Söldnerblut.

Und auch der Herr von Thyssen
Freut sich dummer Jungen Kraft.
Woher sollst du auch wissen,
Was ein Knecht dem Gutsherrn schafft?

Und doch bist du gegangen.
Leben flog auf Flittergold.
Von Freunden frei -
Begräbst du dein Verlangen.
Sieh, es hat sich ausgetollt!

DIE DRITTE VARIANTE

Schwer fallen mir heute die Reime.
Auch der Rhythmus holpert und stuckert,
Grad wie dein Wagen, Genosse Direktor,
In diesen Tagen holpert und stuckert,
Statt zügig und schnell
Zu neuen Erfolgen zu fahren.

Leicht könnt' ich's mir machen, Genosse Direktor,
Mit meinem Gedicht. Auf dreifache Weise.

In die Lüfte nur bräuchte ich mich zu erheben,
Die Sterne anvisieren und dies Land beschauen,
Dies gute Land, mit seinen Hügeln und Flüssen,
Wo Genossen Direktoren, Direktoren Genossen sind.

Wem schlüge da, der die Anderen kennt, nicht das Herz,
Zwischen Rostock und Aue, Merkers und Schwedt
Dich, Genosse Direktor, am Steuer zu sehen?

Auch die zweite Variante wäre wahr.
Doch fürchte ich, es wäre nicht ratsam,
Fürderhin in deinem Büro zu erscheinen.

Die Satire, Genosse Direktor, ist schnell von der Feder.
In deinem Büro nur bräuchte sie sich umzusehn,
Den weichen Läufer befragen, wer auf ihm rumsteht,
Und dein Hauptstück, den wohlaufgeräumten Schreib-
tisch
Mit seiner lichten Weite von zweifünfzig,
Wie lange ein Arbeiter es im Schnitt wohl aushält
Vor seinen kunstvoll geschnitzten, tatzigen Füßen?

Gegen dein Türschild würde sie donnern,
Dies Kupferstück, das nichts besagt,
Außer Deinem Namen. Was soll uns dein Name da,
Anstatt der Funktion, in die das Volk dich berufen?

Und doch wäre es nicht recht, dich so zu attackieren.
Ärgerlich fordert die dritte Variante Gehör.
In deinem Sessel nur bräuchte ich mich niederzulassen.
Die Urkunden sähe ich, eingerahmt, an der Wand.
Die Wanderfahne, auseinandergefaltet, neben der Tür.
Vor mir hingen statistische Kurven, ein Augenfang
Jedem Besucher. Stetig aufwärts streben sie,
Steiler werdend mit jeglichem Jahr.
Jawohl, du verstehst zu organisieren, verstehst
mitzureißen!
Schnell und exakt schaltet dein bewegter Verstand.

Tags auf den Beinen, nachts nicht im Bett.
Vierzig Zigaretten die Norm, Kaffeebohnen wiegen
wir nicht – greifst du ein, hakst nach, boxt durch!

Kürzlich erst, als das Gütezeichen zu wackeln begann,
(eines war schon herabgestürzt vom Regal der Erfolge)
Befragte ich deine Frau. Stumm wies sie auf
Die Schreibmaschine auf eurem Küchentisch. Das Blatt
Hing noch eingespannt in der Walze, worauf ihr
Eure Gespräche führt. Abends, bevor sie zu Bett ging,
Morgens, wenn du schon wieder abgeholt warst.

Leicht hätte ich es mir machen können,
Genosse Direktor, auf dreifache Weise.
Doch dies dumme Gedicht holpert und stuckert,
Grad wie dein Wagen, der in diesen Tagen
Auf schlechten Wegen sich quält, statt

Zügig zu neuen Erfolgen zu fahren.

Eine Frage nur ist mir verblieben:
Was bewegt, Genosse Direktor,
in deinem Betrieb
des Direktors Genossen?

HAT DER HERR MINISTER AUCH BEDACHT

Dass am eisigen, beissigen Hindukusch
Kein Flugzeugträger aufkreuzen,
Kein Versorgungstransporter anlanden,
Kein Lazarettschiff auslaufen kann?

Kein Hornissengeschwader könnte aus
Hohem Himmel Gestürzte, Gefallene,
Verwundete ins Rückwärtige retten,
Das es dort nicht geben wird.

Keine Pipeline vom Irgendwoher ins
Irgendwohin würde vereiste Panzer,
Verlassne Container, störrische Kübel
Aufbrechen, anlassen, regenerieren...

Nicht einmal die ewige Himmelsleuchte
Könnte bewirken, dass der Frühling
Früher zum Hindukusch käme
Als sein blutloser, schmerzfreier Tod.

»Jungs, kommt nach Hause!«
Sollten wir denen am Hindukusch
Heute schon zurufen.

SELBSTBEKENNTNIS

1986 fragte mich mein damaliger Verlag nach meinen »Gedanken zur Biographie«

Ich antwortete:

»Sechzig Jahre musste ich werden, um den Kern meiner Person zu entdecken. Geboren mit einem kurzsichtigen rechten und einem weitsichtigen linken Auge, blieb ich dazu verdammt, Nahes stärker zu empfinden, Fernes deutlicher zu erkennen. Das war die Unrast, die mich vorantrieb. Sehnsucht, nie gestillte, nach einem Hafen der Ruhe, in dem ich es kaum drei Tage aushalten würde, befände ich mich einmal darin.«

Auch dieses Büchlein ist Versuch eines Ausbruchs aus bedrängender Lebenssituation.

Gilt es doch, meiner seit Jahren pflegebedürftigen Frau und unseren Abkömmlingen 1. und 2.Grades zum Goldenen Jahrestag unserer Trauung etwas vorzulegen,was, trotz allem, Hoffnung stiften könnte.

Bisherige Veröffentlichungen

1958   Der Vatikan und das 20.Jahrhundert v. Avro
Manhattan (Üb.) Volk u. Welt, Bln;

1958   Der Stein rollt (R.); Volk u.Welt, Bln;

1963   Zeuge Robert Wedemann (R.);Neues Leben;

1964   Der Frühling braucht Zeit (Spf.);DEFA;
(nach Uraufführung verb. Wiederauff. 1990)

1970   Ein gewisser Herr D. (R.);Neues Leben, Bln;

1975   Die schöne Marion (R.); Neues Leben, Bln;

1992   1866/ Ein PreussenJahr (R.) Libri/BoD;

2005   Der Zeitplan/Ein Dienstag im August (Erz.)
SPOTTLESS-Verlag, Bln;

(Lyrik, Essais, in Zeitschriften, Anthologien u.a.)

bonne chance !

Der Autor 1930 mit Schwester